Den bedst bagende kogebog

Løft din oplevelse før spillet med 100 læskende opskrifter og vindertips

Karla Pettersson

INDHOLDSFORTEGNELSE

INTRODUKTION

Velkommen til The Best Tailgating Cookbook! Denne kogebog er din alt-i-én-guide til at mestre kunsten at hale køkkenet og forvandle dine før-spillet sammenkomster til uforglemmelige fester. Uanset om du er en erfaren bagmand eller en nybegynder, der ønsker at deltage i spændingen, så gør dig klar til at tage din spildagsoplevelse til et helt nyt niveau.

I denne kogebog har vi samlet en samling af opskrifter, der vil glæde dig til publikum, der vil give næring til din ånd og tilfredsstille dine smagsløg. Fra klassisk komfortmad som saftige burgere og fingerslikkende vinger til kreative twists på spilledagsfavoritter, vi har dig dækket. Forbered dig på at blænde dine medfans med læskende retter, der er nemme at lave, transportere og nyde på stadionets parkeringsplads.

Men denne kogebog handler ikke kun om opskrifter. Vi vil også dele vindende tips og tricks til at oprette den ultimative bagklapsfest, fra vigtigt udstyr og organisationshack til spildagaktiviteter, der vil holde alle underholdt. Uanset om du er bagud til en fodboldkamp, en koncert eller enhver anden begivenhed, er vores mål at gøre din oplevelse før kampen mindeværdig, lækker og fuld af kammeratskab.

Gør dig klar til at skabe et vindende opslag, der vil gøre dig til MVP for enhver bagklapsfest. Lad spillene begynde!

1. _Grillede kyllingevinger_

Ingredienser:

- 2 lbs kyllingevinger
- 1/2 kop BBQ sauce
- 1/4 kop honning
- 1/4 kop sojasovs
- 2 fed hvidløg, hakket
- 1 tsk malet ingefær
- Salt og peber efter smag

Instruktioner:

a) I en lille skål piskes BBQ sauce, honning, sojasovs, hvidløg, ingefær, salt og peber sammen.

b) Læg kyllingevingerne i en stor genlukkelig plastikpose og hæld marinaden over dem. Forsegl posen og vend rundt for at dække vingerne.

c) Mariner i køleskabet i mindst 2 timer, eller natten over for det bedste resultat.

d) Forvarm grillen til medium-høj varme. Fjern vingerne fra marinaden og kassér resten af marinaden.

e) Grill vingerne i cirka 15-20 minutter, vend af og til, indtil de er gennemstegte og sprøde.

f) Serveres varm med din yndlingsdipsauce.

2. Buffalo Chicken Dip

Ingredienser:

- 2 kopper revet kogt kylling
- 8 oz flødeost, blødgjort
- 1/2 kop varm sauce
- 1/2 kop ranchdressing
- 1 kop revet cheddarost
- 1/4 kop blå ost crumbles (valgfrit)
- Tortillachips eller selleristænger, til servering

Instruktioner:

a) Forvarm ovnen til 350°F.

b) Kombiner den strimlede kylling, flødeost, varm sauce og ranchdressing i en stor røreskål. Rør indtil godt blandet.

c) Fordel blandingen i en 9-tommers bageform og drys med revet cheddarost og blåskimmelostsmulder (hvis du bruger).

d) Bages i 20-25 minutter, eller indtil de er varme og boblende.

e) Serveres varm med tortillachips eller selleristænger.

3. Jalapeño Poppers

Ingredienser:

- 12 jalapeñopeber, halveret på langs og kernet
- 8 oz flødeost, blødgjort
- 1/2 kop revet cheddarost
- 1/4 kop revet parmesanost
- 1/4 tsk hvidløgspulver
- 1/4 tsk løgpulver
- Salt og peber efter smag
- 12 skiver bacon, halveret

Instruktioner:

a) Forvarm ovnen til 400°F.

b) Kombiner flødeost, cheddarost, parmesanost, hvidløgspulver, løgpulver, salt og peber i en røreskål. Bland indtil godt blandet.

c) Hæld osteblandingen jævnt i jalapeño-halvdelene.

d) Pak hver jalapeño-halvdel ind med en skive bacon og fastgør den med en tandstik.

e) Læg jalapeño poppers på en bageplade og bag i 20-25 minutter, eller indtil baconen er sprød og fyldet varmt og boblende.

f) Serveres varm.

4. Alkaline Baba Ganoush

Portioner: 4
Forberedelsestid: 30 minutter

INGREDIENSER :

- 1 stor aubergine
- En håndfuld persille
- 1-2 fed hvidløg
- Saft af 2 citroner
- 2 spiseskefulde tahin
- Salt og sort peber efter smag

INSTRUKTIONER :

a) Forvarm grillen til medium-høj og kog auberginen hele i omkring en halv time.

b) Skær i det og skrab indmaden af med en ske, og læg derefter kødet i en si.

c) Blend indtil glat.

5. Courgette og kikærtehummus

Portioner: 4
Forberedelsestid: 30 minutter

INGREDIENSER :

- 1 dåse kikærter, afdryppet og skyllet
- 1 fed hvidløg, hakket
- 1 grøn courgette, hakket
- Håndfuld hakket persille
- Håndfuld hakket basilikum
- Himalaya eller havsalt
- Friskkværnet sort peber
- 4 spsk olivenolie
- Et skvæt frisk citronsaft

INSTRUKTIONER :

a) Blend alt.

6. Lemony Kikærter og Tahini Hummus

Portioner: 2
Forberedelsestid: 10 minutter

INGREDIENSER :

- Citronsaft fra 1/2 citron
- 1 dåse tørrede kikærter, udblødt
- 1 fed hvidløg
- 1 spiseskefuld tahin
- 1 spsk olivenolie

INSTRUKTIONER :

a) Blend alt indtil glat.

7. Hvidløgsagtig kikærtehummus

Portioner: 2
Forberedelsestid: 10 minutter

INGREDIENSER :

- 2 fed hvidløg
- 1 dåse kikærter
- 1 spiseskefuld Tahini
- Citronsaft fra 1 citron
- 1 spsk olivenolie

INSTRUKTIONER :

a) I en røreskål blandes alle ingredienser.

8. Krydret græskar & flødeostdip

Samlet tid til forberedelse: 5 minutter
Portioner: 4 til 6 portioner

INGREDIENSER

- 8 ounce flødeost
- 15 ounce usødet græskar på dåse
- 1 tsk kanel
- 1/4 tsk allehånde
- 1/4 tsk muskatnød
- 10 pekannødder, knust

INSTRUKTIONER

a) Pisk flødeost og dåsegræskar sammen i en røremaskine, indtil det er cremet.

b) Rør kanel, allehånde, muskatnød og pekannødder i, indtil de er grundigt kombineret. Inden servering afkøles i en time i køleskabet.

ERNÆRING: Kalorier 227| Fedt 19g (mættet 4g) | Kolesterol 0mg| Natrium 275mg| Kulhydrat 12g| Kostfibre 6g| Protein 4g.

9. Flødeost og honningdip

Samlet tid til forberedelse: 5 minutter
Portioner: 2 portioner

INGREDIENSER

a) 2 ounce flødeost
b) 2 spsk honning
c) 1/4 kop presset appelsinjuice
d) 1/2 tsk stødt kanel

INSTRUKTIONER

a) Blend alt indtil glat.

ERNÆRING: Kalorier 160| Fedt 8g (mættet 2g) | Kolesterol 0mg| Natrium 136mg| Kulhydrat 22g| Kostfibre 0g| Protein 1g.

10. Garlicky Alkaline Guacamole

Samlet tid til forberedelse: 10 minutter
Portioner: 6 portioner

INGREDIENSER

- 2 avocadoer, udstenede
- 1 tomat, kernet og finthakket
- 1/2 spsk frisk limesaft
- 1/2 små gule løg, finthakket
- 2 fed hvidløg, presset
- 1/4 tsk havsalt
- Et skvæt peber
- Hakket frisk korianderblad

INSTRUKTIONER

a) Brug en kartoffelmoser til at mos avocadoerne i en lille skål.

b) Server straks efter blanding af de ekstra INGREDIENSER i de mosede avocadoer.

ERNÆRING: Kalorier 97| Fedt 8g (mættet 2g) | Kolesterol 0mg| Natrium 97mg| Kulhydrat 6g| Kostfibre 5g| Protein 1g.

11. <u>Alkaline Jalapeño Salsa</u>

Samlet tid til forberedelse: 10 minutter
Portioner: 4 portioner

INGREDIENSER

- 4 mellemstore tomater, skrællet og skåret i tern
- 1/4 kop hakket rødløg
- Jalapeño peber, frøet og finthakket
- 1 spsk koldpresset olivenolie
- 1 tsk havsalt
- 1 tsk spidskommen
- 1 tsk hakket hvidløg
- Frisk persille

INSTRUKTIONER

a) Blend alle ingredienserne.

ERNÆRING: Kalorier 73| Fedt 4g (mættet 1g) | Kolesterol 0mg| Natrium 582mg| Kulhydrat 9g| Kostfibre 1g| Protein 1g.

12.   Kaviar hjertekys

Ingredienser:

- 1 Agurk, skrubbet og trimmet
- 1/3 kop creme fraiche
- 1 ts Tørret dildukrudt
- Friskkværnet sort peber efter smag
- 1 krukke rød laksekaviar
- Friske dildkviste
- 8 tynde skiver fuldkornsbrød
- Smør eller margarine

Rutevejledning:

a) Skær agurk i 1/4-tommer runder.

b) I en lille skål kombineres creme fraiche, tørret dild og peber. Læg en teskefuld af cremefraicheblandingen på hver agurkeskive. Pynt hver med cirka 1/2 tsk kaviar og en dildkvist.

c) Skær brødskiver med hjerteformet kagedåse. Toast og smør. Læg agurkeskiver i midten af serveringsfadet og omkrans med toasthjerter.

13.   Burrito bider

Ingredienser:

- 1 dåse Hakkede tomater
- 1 kop Instant ris
- ⅓ kop Vand
- 1 grøn peber, skåret i tern
- 2 grønne løg, skåret i skiver
- 2 kopper Revet cheddarost, delt
- 1 dåse Ranch Style Refried Beans (16 oz)
- 10 mel tortillas (6-7")
- 1 kop Salsa

Rutevejledning:

a) Forvarm ovnen til 350'F. Spray en 9x12" bradepande med PAM; sæt til side.

b) Kombiner ris og vand i en mellemstor gryde; varme op til kog.

c) Reducer varmen, læg låg på og lad det simre i 1 minut. Fjern fra varmen og lad sidde i 5 minutter, eller indtil al væske er absorberet. Rør peber, løg og 1 kop ost.

d) Fordel cirka 3 spiseskefulde bønner over hver tortilla til inden for $\frac{1}{8}$" fra kanten. Læg risblandingen i lag over bønnerne; rul op. Læg sømmen nedad i den forberedte bageform; dæk med folie.

e) Bages i forvarmet ovn 25 minutter eller indtil varm. Skær tortillaerne i 4 stykker og læg dem på et fad. Top med salsa og ost . Top med salsa og ost. Tilbage til ovnen og bag 5 minutter, eller indtil osten smelter.

14.   Kylling nøddebid

Ingredienser:

- 1 kop Kyllingefond
- $\frac{1}{2}$ kop Smør
- 1 kop Mel
- 1 spiseskefuld Persille
- 2 teskefulde Krydret salt
- 2 teskefulde Worcestershire sauce
- 34 teskefulde Selleri frø
- $\frac{1}{2}$ tsk Paprika
- $\frac{1}{8}$ teskefuld Cayenne
- 4 store æg
- 2 kyllingebryst, pocheret, flået
- $\frac{1}{4}$ kop Ristede mandler

Rutevejledning:

15. Forvarm ovnen til 400 grader. Kombiner bouillon og smør i en tyk pande og bring det i kog. Pisk mel og krydderier i.

16. Kog, mens du pisker hurtigt, indtil blandingen forlader siderne af panden og danner en glat, kompakt kugle. Fjern fra varmen. Tilsæt æg et ad gangen, pisk godt indtil blandingen er blank. Rør kylling og mandler i.

17. Dryp afrundede teskefulde på smurte bageplader. Bages i 15 minutter. Frys efter bagning.

15.   <u>Buffalo kylling fingre</u>

Ingredienser:

- 2 kopper mandelmel
- 1 tsk salt
- 1 tsk sort peber
- 1 tsk tørret persille
- 2 store æg
- 2 spsk fuldfed kokosmælk på dåse
- 2 pund kylling bud
- 1 1/2 kopper Franks rødglødende bøffelsauce

Rutevejledning:

a) Forvarm ovnen til 350°F.

b) Kombiner mandelmel, salt, peber og persille i en mellemstor skål og sæt til side.

c) Pisk æg og kokosmælk sammen i en separat medium skål.

d) Dyp hver kylling mør i æggeblandingen og beklæd derefter helt med mandelmelblanding. Arranger belagte bud i et enkelt lag på en bageplade.

e) Bag 30 minutter, vend én gang under tilberedningen. Tag den ud af ovnen og lad den køle af i 5 minutter.

f) Læg kyllingemøre i en stor skål og tilsæt bøffelsauce. Kast for at belægge helt.

16.   Kødbrød muffins

Ingredienser:

- 1 pund hakket oksekød
- 1 kop hakket spinat
- 1 stort æg, let pisket
- 1/2 kop revet _{mozzarellaost}
- 1/4 kop revet _{parmesanost}
- 1/4 kop hakket gult _{løg}
- 2 spsk frøet og hakket jalapeñopeber

Rutevejledning:

a) Forvarm ovnen til 350°F. Smør let hver brønd i en muffinform.

b) Kom alle ingredienser i en stor skål og brug hænderne til at blande.

c) Hæld en lige stor portion kødblanding i hver muffinform og tryk let ned. Bages i 45 minutter, eller indtil den indre temperatur når 165°F.

17.   <u>Bacon avocadobid</u>

Ingredienser:

- 2 store avocadoer, skrællet og udstenet
- 8 skiver bacon uden tilsat sukker
- 1/2 tsk hvidløgssalt _

Rutevejledning:

a) Forvarm ovnen til 425°F. Beklæd en bageplade med bagepapir.

b) Skær hver avocado i 8 lige store skiver, hvilket gør 16 skiver i alt.

c) Skær hvert stykke bacon i halve. Vikl en halv skive bacon omkring hvert stykke avocado. Drys med hvidløgssalt.

d) Læg avocadoen på en bageplade og bag i 15 minutter. Tænd ovnen, og fortsæt med at stege yderligere 2-3 minutter, indtil baconen bliver sprød.

18.   Pizzabid

Ingredienser:

- 24 skiver sukkerfri pepperoni
- 1/2 kop marinara sauce
- 1/2 kop revet mozzarellaost

Rutevejledning:

A) TÆND OVNEN.

B) BEKLÆD EN BAGEPLADE MED BAGEPAPIR OG LÆG PEPPERONISKIVER I ET ENKELT LAG.

C) KOM 1 TSK MARINARA SAUCE PÅ HVER PEPPERONI SKIVE OG FORDEL UD MED EN SKE. TILSÆT 1 TSK MOZZARELLAOST PÅ TOPPEN AF MARINARA.

D) SÆT BAGEPLADEN I OVNEN OG STEG 3 MINUTTER, ELLER INDTIL OSTEN ER SMELTET OG LET BRUN.

E) FJERN FRA BAGEPLADEN OG OVERFØR TIL EN BAGEPLADE BEKLÆDT MED KØKKENRULLE FOR AT ABSORBERE OVERSKYDENDE FEDT.

19. Bacon og spidskålsbid

Ingredienser:

- 1/3 kop mandelmel __
- 1 spsk usaltet smør, smeltet
- 1 (8-ounce) pakke flødeost, blødgjort til stuetemperatur
- 1 spsk baconfedt
- 1 stort æg
- 4 skiver bacon uden tilsat sukker, kogt, afkølet og smuldret i stykker
- 1 stort grønt løg, kun toppe, skåret i tynde skiver
- 1 fed hvidløg, hakket
- 1/8 tsk sort peber

Rutevejledning:

A) FORVARM OVNEN TIL 325°F.

B) KOMBINER MANDELMEL OG SMØR I EN LILLE RØRESKÅL.

C) BEKLÆD 6 KOPPER AF EN MUFFINFORM I STANDARDSTØRRELSE MED CUPCAKE-FORINGER. FORDEL MANDELMELBLANDINGEN LIGELIGT MELLEM KOPPERNE OG TRYK FORSIGTIGT NED I BUNDEN MED BAGSIDEN AF EN TESKE. BAG I OVNEN I 10 MINUTTER, OG FJERN DEREFTER.

D) MENS SKORPEN BAGER, KOMBINERER DU FLØDEOST OG BACONFEDT GRUNDIGT I EN MELLEMSKÅL MED EN HÅNDMIXER. TILSÆT ÆG OG BLEND INDTIL DET ER BLANDET.

E) FOLD BACON, LØG, HVIDLØG OG PEBER I FLØDEOSTBLANDINGEN MED EN SPATEL.

F) FORDEL BLANDINGEN MELLEM KOPPER, SÆT TILBAGE I OVNEN OG BAG YDERLIGERE 30-35 MINUTTER, INDTIL OSTEN SÆTTER SIG. KANTERNE KAN VÆRE LET BRUNEDE. FOR AT TESTE, OM DEN ER FÆRDIG, SKAL DU INDSÆTTE TANDSTIKKER I MIDTEN. HVIS DEN KOMMER REN UD, ER CHEESECAKEN FÆRDIG.

G) LAD AFKØLE 5 MINUTTER OG SERVER.

20. Bacon-indpakkede kyllingebider

Ingredienser:

- 3/4 pund udbenet, skindfri kyllingebryst, skåret i 1 "
  terninger
- 1/2 tsk salt _
- 1/2 tsk sort peber
- 5 skiver bacon uden tilsat sukker

Rutevejledning:

A) FORVARM OVNEN TIL 375°F.

B) VEND KYLLINGEN MED SALT OG PEBER.

C) SKÆR HVER SKIVE BACON I 3 STYKKER OG PAK HVERT STYKKE KYLLING IND I ET STYKKE BACON. FASTGØR MED EN TANDSTIK.

D) LÆG DEN INDPAKKEDE KYLLING PÅ EN GRILLRIST OG BAG DEN I 30 MINUTTER, MENS DEN VENDES HALVVEJS GENNEM TILBEREDNINGEN. TÆND OVNEN TIL AT STEGE OG STEG 3-4 MINUTTER, ELLER INDTIL BACON ER SPRØDT.

21.   Bacon-østersbid

Ingredienser:

- 8 SKIVER BACON

- $\frac{1}{2}$ KOP HERBED KRYDRET FYLD

- 1 DÅSE (5-OZ) ØSTERS; HAKKET

- $\frac{1}{4}$ KOP VAND

Rutevejledning:

A) FORVARM OVNEN TIL 350Ø. SKÆR BACONSKIVER I HALVE OG STEG LIDT. OVERKOG IKKE.

B) BACON SKAL VÆRE BLØDT NOK TIL AT RULLE LET RUNDT OM KUGLER. BLAND FYLD, ØSTERS OG VAND.

C) TRIL TIL MUNDRETTE KUGLER, CIRKA 16.

D) PAK KUGLERNE IND I BACON. BAGES VED 350Ø I 25 MINUTTER. SERVERES VARM.

22.   Buffalo blomkålsbid

Ingredienser:

- 1 kop mandelmel
- 1 tsk granuleret hvidløg
- 1/2 tsk tørret persille
- 1/2 tsk salt _
- 1 stort æg
- 1 stort hoved blomkål, skåret i mundrette buketter
- 1/2 kop Franks rødglødende sauce
- 1/4 kop ghee _

Rutevejledning:

A) FORVARM OVNEN TIL 400°F. BEKLÆD EN BAGEPLADE MED BAGEPAPIR.

B) KOMBINER MANDELMEL, HVIDLØG, PERSILLE OG SALT I EN STOR LUKBAR PLASTIKPOSE OG RYST FOR AT BLANDE.

C) PISK ÆG I EN STOR SKÅL. TILSÆT BLOMKÅL OG VEND DET HELE RUNDT.

D) OVERFØR BLOMKÅL TIL EN POSE FYLDT MED MANDELMELBLANDING OG VEND DET TIL BELÆGNING.

E) ARRANGER BLOMKÅL I ET ENKELT LAG PÅ BAGEPLADE OG BAG I 30 MINUTTER, ELLER INDTIL DET ER BLØDT OG LET BRUNET.

F) MENS BLOMKÅL BAGER, KOM VARM SAUCE OG GHEE SAMMEN I EN LILLE GRYDE VED SVAG VARME.

G) NÅR BLOMKÅLEN ER KOGT, KOMBINER DU BLOMKÅL MED VARM SAUCEBLANDING I EN STOR RØRESKÅL OG VEND TIL BELÆGNING.

23. <u>Chokolade Chili Mini Churros</u>

Ingredienser:

- 1 kop vand
- 1/2 kop kokosolie eller vegansk smør
- 1 kop mel
- 1/4 tsk salt
- 3 æg pisket
- Kanel sukker blanding
- 1/2 kop sukker1 spsk kanel

Rutevejledning:

a) Forvarm ovnen til 400°C. Kom vand, kokosolie/smør og salt i en gryde og bring det i kog.

b) Pisk mel i, omrør hurtigt, indtil blandingen bliver til en kugle.

c) Rør langsomt æggene i lidt ad gangen, og rør hele tiden for at sikre, at æggene ikke kryber.

d) Lad dejen køle lidt af, og overfør den derefter til din sprøjtepose.

e) Rør 3 tommer lange churros i rækker på din smurte bageplade.

f) Bag i ovnen i 10 minutter ved 400 grader og steg derefter på høj i 1-2 minutter, indtil dine churros er gyldenbrune.

g) Bland imens kanel og sukker sammen i et lille fad.

h) Når churros er ude af ovnen, rul dem ind i kanel- og sukkerblandingen, indtil de er helt dækket. Sæt til side.

24.   Bouillabaisse bider

Ingredienser:

- 24 medium rejer -- pillede og
- Deveined
- 24 mellemstore kammuslinger
- 2 kopper tomatsauce
- 1 dåse hakket muslinger (6-1/2 oz)
- 1 spsk Pernod
- 20 milliliter
- 1 laurbærblad
- 1 tsk basilikum
- ½ tsk salt
- ½ tsk Friskkværnet peber
- Hvidløg - hakket
- Safran

Rutevejledning:

a) Spidd rejer og kammuslinger på 8-tommers bambusspyd ved at bruge 1 reje og 1 kammusling pr. spyd; vikle halen af rejer omkring kammusling.

b) Bland tomatsauce, muslinger, Pernod, hvidløg, laurbærblad, basilikum, salt, peber og safran sammen i en gryde. Bring blandingen i kog.

c) Arranger den ristede fisk i et lavt ovnfad.

d) Dryp sauce over spyd. Bages uden låg ved 350 grader i 25 minutter. Gør 24

25. Blomkålskopper

Ingredienser:

- 1 1/2 dl blomkålsris _
- 1/4 kop hakket løg
- 1/2 kop revet peber jack ost
- 1/2 tsk tørret oregano
- 1/2 tsk tørret basilikum
- 1/2 tsk salt _
- 1 stort æg, let pisket

Rutevejledning:

a) Forvarm ovnen til 350°F.

b) Kombiner alle ingredienser i en stor røreskål og rør for at inkorporere.

c) Hæld blandingen i brøndene i en mini-muffinform og pak let.

d) Bag 30 minutter eller indtil kopperne begynder at blive sprøde. Lad den køle lidt af og tag den ud af formen.

26. Mac og ostekopper

Ingredienser:

- 8 oz albuemakaroni
- 2 spsk saltet smør
- 1/4 tsk paprika (brug røget paprika, hvis du har det)
- 2 spsk mel
- 1/2 kop sødmælk
- 8 oz skarp revet cheddarost
- hakket purløg eller spidskål til pynt
- smør til smøring af panden

Rutevejledning:

a) Smør en non-stick: mini muffinpande meget godt med smør eller non-stick: madlavningsspray. Forvarm ovnen til 400 grader F.

b) Bring en gryde med saltet vand i kog over høj varme, og kog derefter pastaen i 2 minutter mindre, end der står på pakken.

c) Smelt smørret og tilsæt paprikaen. Tilsæt melet og rør blandingen rundt i 2 minutter. Mens du pisker tilsættes mælken.

d) Tag gryden af varmen og tilsæt oste og afdryppet pasta, rør det hele sammen, indtil ost og sauce er godt fordelt.

e) Portionér din mac og ost i muffinskopperne, enten med en ske eller en 3-spsk kageske.

f) Bag mac og cheese kopperne i 15 minutter, indtil de er boblende og klistrede.

27.   <u>Bologna quiche kopper</u>

Ingredienser:

- 12 skiver bologna
- 2 æg
- $\frac{1}{2}$ kop kiks blanding
- $\frac{1}{2}$ kop revet skarp ost
- $\frac{1}{4}$ kop Sød pickle relish
- 1 kop mælk

Rutevejledning:

e) Læg bolognaskiver i let smurte muffinsforme, så de danner kopper.

f) Bland de resterende ingredienser sammen. Hæld i bologna kopper.

g) Bages ved (400F) i 20-25 minutter eller indtil de er gyldne.

28.   <u>Muffin prosciutto kop</u>

Ingredienser:

- 1 skive prosciutto ($_{ca.}$ 1/2 ounce)
- 1 mellemstor æggeblomme
- 3 spsk Brie i tern
- 2 spsk mozzarellaost i tern
- 3 spsk revet parmesanost

Rutevejledning:

a) Forvarm ovnen til 350°F. Tag en muffinform ud med brønde, der er ca. 2 $_{1/2}$ " $_{brede}$ og 1 1/2 " dybe.

b) Fold prosciutto skiven på midten, så den bliver næsten firkantet. Læg den i muffinformen godt for at beklæde den helt.

c) Læg æggeblomme i prosciutto kop.

d) Tilsæt oste ovenpå æggeblomme forsigtigt uden at knække den.

e) Bag cirka 12 minutter, indtil blommen er kogt og varm, men stadig flydende.

f) Lad den køle af i 10 minutter, før den tages ud af muffinformen.

29.   Rosenkål kopper

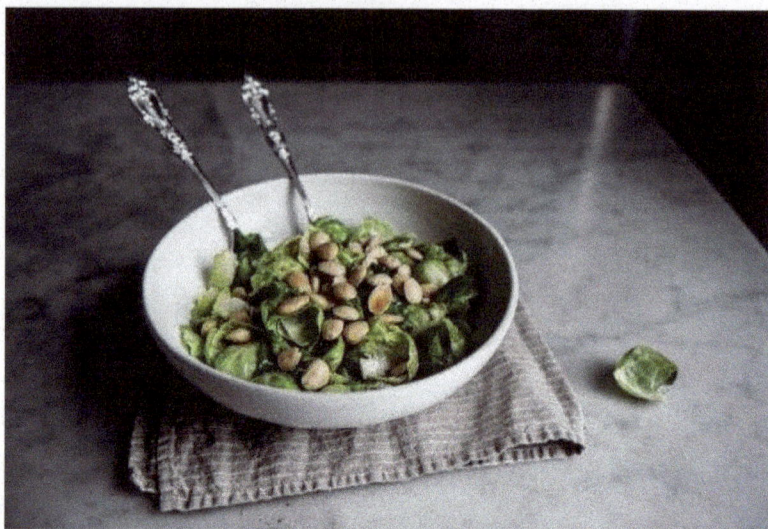

Ingredienser:

- 12 mellemstore rosenkål
- 6 ounce Yukon Gold kartofler
- 2 spsk Skummetmælk
- 1 spiseskefuld Olivenolie
- $\frac{1}{8}$ teskefuld Salt
- 2 ounces røget ørred, flået
- 1 Brændt rød peber, skåret i 2 tommer gange 1/8 tommer strimler

Rutevejledning:

a) Forvarm ovnen til 350

b) Trim stilkene, skåret i to på langs, fjern kernen og efterlader kopper med mørkere grønne blade.

c) Damp spirekopper i 6 minutter, eller indtil de er møre, når de gennembores med en skarp kniv og stadig er lysegrønne.

d) Dræn på hovedet på køkkenrulle. Kog kartoflerne møre, afdryp, tilsæt mælk, olivenolie og salt.

e) Pisk indtil glat. Fold forsigtigt ørreden ind. $+\frac{1}{4}$> ske i skaller og læg peberstrimler ovenpå.

30.   Endivie kopper

Ingredienser:

- 1 stort hårdkogt æg, pillet
- 2 spsk tun på dåse i olivenolie, drænet
- 2 spsk avocado frugtkød
- 1 tsk frisk limesaft
- 1 spsk mayonnaise
- 1/8 tsk havsalt _
- 1/8 tsk sort peber
- 4 belgiske endiveblade, vasket og tørret

Rutevejledning:

a) I en lille foodprocessor blandes alle ingredienser undtagen endive indtil det er godt blandet.

b) Hæld 1 spiseskefuld tunblanding på hver endiviekop.

31.   <u>Taco kopper</u>

Ingredienser:

- C hili pulver , spidskommen, paprika
- Salt , sort peber
- 1/4 tsk tørret oregano
- 1/4 tsk knuste røde peberflager
- 1/4 tsk granuleret hvidløg
- 1/4 tsk granuleret løg
- 1 pund 75% magert hakket oksekød
- 8 (1-ounce) skiver skarp cheddarost
- 1/2 kop salsa uden tilsat sukker
- 1/4 kop hakket koriander
- 3 spiseskefulde Franks rødglødende sauce

Rutevejledning:

a) Forvarm ovnen til 375°F. Beklæd en bageplade med bagepapir.

b) Bland krydderierne i en lille skål og rør rundt. Kog hakkebøf i en mellemstor stegepande over medium-høj varme. Når oksekødet næsten er færdigkogt, tilsæt krydderiblandingen og rør rundt, så det dækker helt. Fjern fra varmen og sæt til side.

c) Arranger cheddarostskiver på beklædt bageplade. Bages i forvarmet ovn i 5 minutter, eller indtil de begynder at blive brune. Lad det køle af i 3 minutter og træk derefter bagepladen af, og flyt hver skive over i brønden i en muffinform, så de danner en kop. Lad køle af.

d) Hæld lige store mængder kød i hver kop og top med 1 spiseskefuld salsa. Drys koriander og varm sauce på toppen.

32.   Skinke 'n' cheddar kopper

Ingredienser:

- 2 kopper Mel til alle formål
- $\frac{1}{4}$ kop Sukker
- 2 teskefulde Bagepulver
- 1 tsk Salt
- $\frac{1}{4}$ teskefuld Peber
- 6 æg
- 1 kop Mælk
- $\frac{1}{2}$ pund Fuldt kogt skinke; terninger
- $\frac{1}{2}$ pund cheddarost; hakket eller skåret i tern
- $\frac{1}{2}$ pund Bacon i skiver; kogt og smuldret
- 1 lille Løg; fint hakket

Rutevejledning:

a) I en skål kombineres mel, sukker, bagepulver, salt og peber. Pisk æg og mælk; rør i tørre ingredienser, indtil det er godt blandet. Rør skinke, ost, bacon og løg i.

b) Fyld velsmurte muffinsforme tre fjerdedele op.

c) Bages ved 350° i 45 minutter . Afkøl i 10 minutter, før den tages ud på en rist.

33.   Cocktailparty rejer

Ingredienser:

- 1 bundt spidskål/skalotteløg
- ½ stort bundt persille
- 2 dåser Hele peberfrugter
- 2 store bælg hvidløg
- 3 Dele salatolie til 1 del
- Hvid eddike
- Salt
- Peber
- Tør sennep
- rød peber
- 5 pund Kogt afskallet renset
- Rejer eller optøet frosne

Rutevejledning:

a) Hak grøntsagerne fint i en foodprocessor eller blender. Tilsæt til olie/eddikeblandingen. Bland godt. Smag til med andre krydderier.

b) Hæld blandingen over rejer, vend flere gange. Stil på køl i mindst 24 timer, bland af og til. Dræn væske til servering. Server med tandstikker.

34.   Cocktail kebab

Ingredienser:

- 8 store Rejer, kogte
- 2 grønne løg, trimmet
- $\frac{1}{2}$ rød peberfrugt, frøet, skåret i tynde strimler
- 8 små modne eller grønne oliven
- 1 b Fed hvidløg, knust
- 2 spsk Citronsaft
- 2 spsk Olivenolie
- 1 tsk Sukker
- 1 tsk Groft malet sennep
- $\frac{1}{4}$ teskefuld Cremet peberrod

Rutevejledning:

a) Fjern hoveder og kropsskaller fra rejer, men lad dem sidde på haleskallerne.

b) Devein rejer ved at fjerne sort rygmarv. Skær hvert grønt løg i 4 tusindfryd. Kom rejer, grønne løg, peberfrugt og oliven i en skål.

c) Bland hvidløg, citronsaft, olivenolie, sukker, sennep og peberrod.

d) Hæld rejeblandingen over, dæk til og mariner i mindst 2 timer under omrøring af og til. Fjern ingredienserne fra marinaden og tråd ligeligt på 8 træpinde. Afdryp på køkkenrulle.

35. Cocktailvandkastanjer

Ingredienser:

- 8½ ounce dåse vandkastanjer
- Gem 1/2 kop væske
- ½ kop Eddike
- 12 skiver bacon, halveret
- ¼ kop brunt sukker
- ¼ kop Catsup

Rutevejledning:

a) Mariner kastanjer i væske og eddike i 1 time. Dræne.

b) Bland brun farin og catsup; fordel derefter på bacon. Rul kastanjer i bacon. Fastgør med tandstikker.

c) Steg indtil bacon er sprødt.

36.   <u>Cocktail-wieners</u>

Ingredienser:

- ¾ kop Tilberedt sennep
- 1 kop Ribsgele
- 1 pund (8-10) frankfurtere Wieners

Rutevejledning:

a) Bland sennep og ribsgele i gnavskål eller dobbeltkoger.

b) Skær frankfurter diagonalt i mundrette stykker. Tilsæt saucen og varm igennem.

37.   <u>Cocktail rug hors d'oeuvres</u>

Ingredienser:

- 1 kop mayonnaise
- 1 kop Strimlet skarp cheddarost
- $\frac{1}{2}$ kop parmesan ost
- 1 kop Grønne løg i skiver
- Cocktailrugbrødsskiver

Rutevejledning:

a) Bland mayo, oste og løg. Sæt ca. $1\frac{1}{2}$ spsk (eller mere) på hver brødskive.

b) Læg dem på en bageplade og læg dem under slagtekyllinger, indtil de er boblende, pas på at de ikke brænder på.

38.   <u>Bacon jalapeño kugler</u>

Ingredienser:

- 5 skiver bacon uden tilsat sukker, kogt, fedt reserveret
- 1/4 kop plus 2 spiseskefulde (3 ounce) flødeost
- 2 spsk reserveret baconfedt
- 1 tsk frøet og finthakket jalapeñopeber
- 1 spsk finthakket koriander

Rutevejledning:

1. HAK BACON I SMÅ KRUMMER PÅ ET SKÆREBRÆT.

2. I EN LILLE SKÅL KOMBINERES FLØDEOST, BACONFEDT, JALAPEÑO OG KORIANDER; BLAND GODT MED EN GAFFEL.

3. FORM BLANDINGEN TIL 6 KUGLER.

4. LÆG BACONSMULDRE PÅ EN MELLEMSTOR TALLERKEN OG RUL INDIVIDUELLE KUGLER IGENNEM, SÅ DE BLIVER JÆVNT.

5. SERVER MED DET SAMME ELLER STIL I KØLESKABET I OP TIL 3 DAGE.

39.   Avocado prosciutto kugler

Ingredienser:

- 1/2 kop _{macadamianødder} _
- 1/2 stor avocado, skrællet og udstenet (ca. 4 ounce _{papirmasse})
- 1 ounce kogt prosciutto, smuldret
- 1/4 tsk sort _{peber}

Rutevejledning:

A) PULS MACADAMIANØDDER I EN LILLE FOODPROCESSOR, INDTIL DE ER SMULDRET JÆVNT. DEL I TO.

B) I EN LILLE SKÅL KOMBINERES AVOCADO, HALVDELEN AF MACADAMIANØDDERNE, PROSCIUTTO CRUMBLES OG PEBER OG BLANDES GODT MED EN GAFFEL.

C) FORM BLANDINGEN TIL 6 KUGLER.

D) PLACER DE RESTERENDE SMULDREDE MACADAMIANØDDER PÅ EN MELLEMSTOR TALLERKEN, OG RUL INDIVIDUELLE KUGLER IGENNEM, SÅ DE BLIVER JÆVNT.

E) SERVER STRAKS.

40.   Grillkugler

Ingredienser:

- 4 ounces (1/2 kop) flødeost
- 4 spsk baconfedt
- 1/2 tsk røgsmag _
- 2 dråber stevia glycerit
- 1/8 tsk æblecidereddike _
- 1 spsk sød røget chilipulver

Rutevejledning:

A) I EN LILLE FOODPROCESSOR, FORARBEJDE ALLE INGREDIENSER UNDTAGEN CHILIPULVER, INDTIL DE DANNER EN GLAT CREME, CIRKA 30 SEKUNDER.

B) SKRAB BLANDINGEN OG KOM DEN OVER I EN LILLE SKÅL, OG STIL DEN DEREFTER PÅ KØL I 2 TIMER.

C) FORM TIL 6 KUGLER VED HJÆLP AF EN SKE.

D) DRYS KUGLER MED CHILIPULVER, RUL RUNDT FOR AT DÆKKE ALLE SIDER.

E) SERVER MED DET SAMME ELLER STIL I KØLESKABET I OP TIL 3 DAGE.

41. <u>Bacon ahorn pandekage kugler</u>

Ingredienser:

- 5 skiver bacon uden tilsat sukker, kogt
- 4 ounces (1/2 kop) flødeost
- 1/2 tsk ahorn smag
- 1/4 tsk salt _
- 3 spsk knuste pekannødder

Rutevejledning:

A) HAK BACON I SMÅ KRUMMER PÅ ET SKÆREBRÆT.

B) I EN LILLE SKÅL KOMBINERES FLØDEOST OG BACONSMULDER MED AHORNSMAG OG SALT; BLAND GODT MED EN GAFFEL.

C) FORM BLANDINGEN TIL 6 KUGLER.

D) PLACER KNUSTE PEKANNØDDER PÅ EN MELLEMSTOR TALLERKEN OG RUL INDIVIDUELLE KUGLER IGENNEM, SÅ DE BLIVER JÆVNT.

E) SERVER MED DET SAMME ELLER STIL I KØLESKABET I OP TIL 3 DAGE.

42. Sunbutter kugler

Ingredienser:

- 6 spsk mascarpone ost
- 3 spsk solsikkekernesmør uden tilsat sukker
- 6 spsk kokosolie, blødgjort
- 3 spsk usødede strimlede kokosflager

Rutevejledning:

A) BLAND MASCARPONEOST, SOLSIKKEKERNESMØR OG KOKOSOLIE I EN MELLEMSTOR SKÅL, INDTIL DER DANNES EN GLAT PASTA.

B) FORM PASTAEN TIL KUGLER PÅ STØRRELSE MED VALNØD. HVIS BLANDINGEN ER FOR KLISTRET, SKAL DEN SÆTTES I KØLESKABET 15 MINUTTER, FØR DU DANNER KUGLER.

C) FORDEL KOKOSFLAGER PÅ EN MELLEMSTOR TALLERKEN OG RUL INDIVIDUELLE KUGLER IGENNEM, SÅ DE BLIVER JÆVNT.

43.   brasilianske løgbid

Ingredienser:

- 1 lille Løg 1/4'd på langs
- 6 spsk Mayonnaise
- Salt og peber
- 6 brødskiver -- skorper fjernet
- 3 spsk parmesanost - revet

Rutevejledning:

a) Forvarm ovnen til 350. Bland løget med 5 spsk af mayonnaisen og salt og peber efter smag. Sæt til side. Smør 3 skiver brød på den ene side med den resterende mayonnaise . Skær disse i kvarte.

b) Skær de resterende 3 skiver brød i kvarte og fordel hver firkant jævnt med løgblandingen. Top med de reserverede brødfirkanter, mayonnaisesiden opad. Læg disse på en bageplade og drys toppene rigeligt med parmesanost.

c) Bages, indtil de er let gyldne og let hævede, cirka 15 minutter. Server straks.

44.   <u>Pizzakugler</u>

Ingredienser:

- 1/4 kop (2 ounce) frisk mozzarellaost
- 2 ounces (1/4 kop) flødeost
- 1 spsk olivenolie
- 1 tsk tomatpure
- 6 store kalamata-oliven, udstenede
- 12 friske basilikumblade

Rutevejledning:

A) I EN LILLE FOODPROCESSOR, FORARBEJDE ALLE INGREDIENSER UNDTAGEN BASILIKUM, INDTIL DE DANNER EN GLAT CREME, CIRKA 30 SEKUNDER.

B) FORM BLANDINGEN TIL 6 KUGLER VED HJÆLP AF EN SKE.

C) LÆG 1 BASILIKUMBLAD PÅ TOPPEN OG BUNDEN AF HVER KUGLE OG FASTGØR MED EN TANDSTIK.

D) SERVER MED DET SAMME ELLER STIL I KØLESKABET I OP TIL 3 DAGE.

45.   Oliven og fetakugler

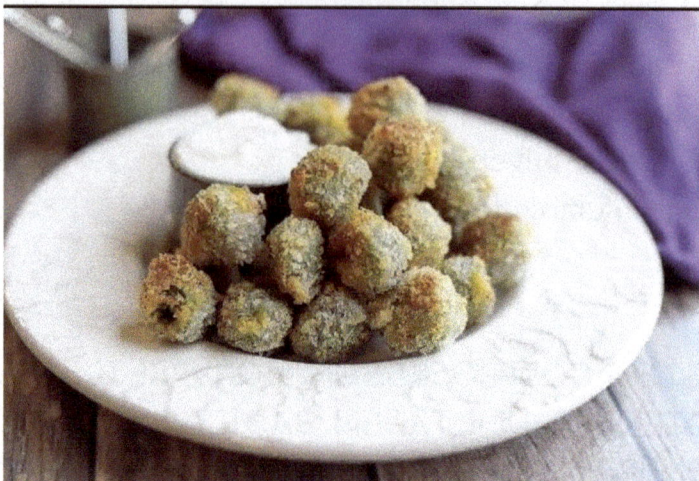

Ingredienser:

- 2 ounces (1/4 kop) flødeost
- 1/4 kop (2 ounce) fetaost
- 12 store kalamata-oliven, udstenede
- 1/8 tsk finthakket frisk timian
- 1/8 tsk frisk citronskal

Rutevejledning:

a) I en lille foodprocessor, forarbejde alle ingredienser, indtil de danner en grov dej, cirka 30 sekunder.

b) Skrab blandingen og overfør til en lille skål, og stil den derefter på køl i 2 timer.

c) Form til 6 kugler ved hjælp af en ske.

d) Server med det samme eller stil i køleskabet i op til 3 dage.

46.   Brie hasselnøddekugler

Ingredienser:

- 1/2 kop ₍4 ounce) Brie
- 1/4 kop ristede hasselnødder
- 1/8 tsk finthakket frisk timian

Rutevejledning:

a) I en lille foodprocessor, forarbejde alle ingredienser, indtil de danner en grov dej, cirka 30 sekunder.

b) Skrab blandingen, overfør til en lille skål, og stil den på køl i 2 timer.

c) Form til 6 kugler ved hjælp af en ske.

d) Server med det samme eller stil i køleskabet i op til 3 dage.

47.   <u>Karry tunkugler</u>

Ingredienser:

- 1/4 kop plus 2 spiseskefulde (3 ounce) tun i olie , drænet
- 2 ounces (1/4 kop) flødeost
- 1/4 tsk karrypulver , delt
- 2 spsk smuldrede macadamianødder

Rutevejledning:

a) I en lille foodprocessor, forarbejde tun, flødeost og halvdelen af karrypulveret, indtil de danner en glat creme, cirka 30 sekunder.

b) Form blandingen til 6 kugler.

c) Læg smuldrede macadamianødder og det resterende karrypulver på en mellemstor tallerken og rul individuelle kugler igennem, så de bliver jævnt.

48. Svinekød bomber

Ingredienser:

- 8 skiver bacon uden tilsat sukker
- 8 ounce Braunschweiger ved stuetemperatur
- 1/4 kop hakkede pistacienødder
- 6 ounces (3/4 kop) flødeost, blødgjort til stuetemperatur
- 1 tsk dijonsennep

Rutevejledning:

a) Steg bacon i en medium stegepande over medium varme, indtil det er sprødt, 5 minutter på hver side. Afdryp på køkkenrulle og lad afkøle. Når det er afkølet, smuldres det i små baconstykker.

b) Placer Braunschweiger med pistacienødder i en lille foodprocessor og pulsér, indtil det lige er blandet.

c) Brug en stavblender til at piske flødeost og dijonsennep i en lille røreskål, indtil det er blandet og luftigt.

d) Fordel kødblandingen i 12 lige store portioner. Rul til kugler og dæk i et tyndt lag flødeostblanding.

e) Afkøl mindst 1 time. Når du er klar til at servere, læg baconstykker på en mellemstor tallerken, rul kugler igennem, så de bliver jævnt, og nyd.

f) Fedtbomber kan opbevares på køl i en lufttæt beholder i op til 4 dage.

49.   Saltet karamel og briekugler

Ingredienser:

- 1/2 kop (4 ounce) groft hakket _{Brie}
- 1/4 kop _{saltede} macadamianødder
- 1/2 tsk karamel _{smag}

Rutevejledning:

a) I en lille foodprocessor, forarbejde alle ingredienser, indtil de danner en grov dej, cirka 30 sekunder.
b) Form blandingen til 6 kugler ved hjælp af en ske.
c) Server med det samme eller stil i køleskabet i op til 3 dage.

50. Cocktailfest frikadeller

Ingredienser:

- ¼ kop Fedtfri hytteost
- 2 æggehvider
- 2 teskefulde Worcestershire sauce
- ½ kop Plus 2 spsk almindeligt brødkrummer
- 8 ounce malet kalkunbryst
- 6 ounce kalkunpølse; fjernet fra hylstre
- 2 spsk Hakket løg
- 2 spsk Hakket grøn peberfrugt
- ½ kop Frisk snittet persille og bladselleri

Rutevejledning:

a) Spray en bageplade med no-stick spray og stil til side.

b) I en stor skål røres hytteost, æggehvider, Worcestershire sauce og ½ kop brødkrummer sammen. Rør kalkunbryst, kalkunpølse, løg og grønne peberfrugter i.

c) Form fjerkræblandingen til 32 frikadeller. Kombiner persille, bladselleri og de resterende 2 spsk brødkrummer på et stykke vokspapir. Rul frikadellerne i persilleblandingen, til de er jævnt dækket.

d) Overfør frikadellerne til den forberedte bageplade. Steg 3 til 4 inches fra varmen i 10 til 12 minutter .

51.   Cocktail ostekugler

Ingredienser:

- 8 ounce ost, blødgjort
- $\frac{1}{4}$ kop Almindelig fedtfri yoghurt
- 4 ounce strimlet cheddar ost
- 4 ounce strimlet schweizerost med reduceret fedtindhold
- 2 teskefulde Revet løg
- 2 teskefulde Tilberedt peberrod
- 1 tsk Dijon-sennep i landlig stil
- $\frac{1}{4}$ kop hakket frisk persille

Rutevejledning:

a) Kombiner ost og yoghurt i en stor røreskål; pisk ved medium hastighed af en elektrisk mixer, indtil glat. Tilsæt cheddarost og næste 4 ingredienser; rør grundigt. Dæk til og afkøl mindst 1 time.

b) Form osteblandingen til en kugle, og drys med persille. Pres forsigtigt persille i ostekugler. Pak ostekuglen ind i kraftig plastfolie og afkøl. Server med diverse usaltede kiks.

52. Crudites med velbehag

Ingredienser:

- 2 teskefulde Olivenolie
- 1 kop Finhakket løg
- 1 spiseskefuld Hakket hvidløg
- 1 kop Dåse knuste tomater
- 1 tsk Frisk citronsaft
- $\frac{1}{4}$ kop soltørrede tomater
- $\frac{1}{4}$ kop Udstenede grønne oliven; (ca. 10)
- $\frac{1}{4}$ kop (pakkede) friske basilikumblade
- 4 store afdryppede artiskokhjerter på dåse
- 2 spsk hakket frisk persille
- 2 spsk ristede pinjekerner
- Diverse grøntsager

Rutevejledning:

a) Opvarm olie i medium non-stick: stegepande over medium varme. Tilsæt løg og sauter, indtil det lige begynder at blive blødt, cirka 3 minutter. Tilsæt hvidløg; sauter 30 sekunder. Rør dåsetomater og citronsaft i. Bring til at simre. Fjern fra varmen.

b) Kombiner soltørrede tomater og de næste 5 ingredienser i processoren. Brug tænd/sluk-drejninger, og bearbejd indtil grøntsagerne er finthakkede. Overfør til medium skål. Rør tomatblandingen i. Smag til med salt og peber.

53.   Grønne og hvide crudites

Ingredienser:

54.   ½ kop Almindelig yoghurt
55.   ½ kop Creme fraiche
56.   ½ kop Mayonnaise
57.   1½ tsk Hvidvinseddike; eller efter smag
58.   1½ tsk Grovkornet sennep
59.   1 stor Hvidløgsfed; hakket og moset
60.   1 tsk anis; knust
61. 2 teskefulde Pernod; eller efter smag
62.   1½ spsk Hakket estragon blade
63.   12 kopper Assorterede råvarer

Rutevejledning:

a) I en skål piskes alle ingredienser undtagen krydderurter sammen med salt og peber efter smag. Chill dip, tildækket, mindst 4 timer og op til 4 dage. Lige inden servering røres estragon og kørvel i.

b) Arranger crudités dekorativt på en tallerken i niveauer eller i en stor kurv og server med dip.

54. Kålrabi crudites

Ingredienser:

- $\frac{1}{2}$ kop Soya sovs; lys
- $\frac{1}{2}$ kop Riseddike
- 1 tsk Sesamfrø; ristet
- 1 spiseskefuld spidskål; hakket
- 4 kopper Kålrabi skiver; skåret i stykker

Rutevejledning:

a) Bland sojasovs, eddike, sesamfrø og spidskål.

b) Server i en skål omgivet af kålrabi bidder. Giv picks til at spise.

55.   Remoulade med grøntsagscrudites

Ingredienser:

- ½ kop Kreolsk eller brun sennep
- ½ kop Salat olie
- ¼ kop Catsup
- ¼ kop Cider eddike
- ¼ teskefuld Tabasco sauce
- 2 spiseskefulde Fint hakket selleri
- 2 spsk Finhakket løg
- 2 spsk Fint hakket grøn peber
- cherrytomater
- Svampeskiver
- Agurk skiver
- Selleri skiver
- Gulerodsskiver

Rutevejledning:

a) Kombiner sennep, olie, catsup, eddike, Tabasco og hakkede grøntsager; dække og afkøle.

b) Server dip med hele og snittede grøntsager.

56.   Skeleton crudite

Ingredienser:

- 3 kopper Fedtfattig yoghurt
- 1 kop Mayo
- $\frac{1}{2}$ kop Ferskensyltetøj
- 1 tsk appelsinjuice
- $\frac{1}{2}$ tsk karry pulver
- $\frac{1}{2}$ tsk Peber.

Skelet ingredienser

- 1 zucchini skåret i halve på langs
- 1 gul squash skåret i halve
- 6 ribben selleri skåret i to på langs f.eks
- 1 agurk skåret i tern
- 1 gulerod skåret i stave
- 10 baby gulerodsfingre
- 1 rød peber skåret i 2 tommer tykke strimler
- 1 gul peber skåret i 2 tommer tykke strimler
- 2 broccolibuketter / 2 blomkålsbuketter
- 10 sneærter / 2 cherrytomater
- 2 svampe / 1 radise
- 4 grønne bønner / 2 gule bønner

Rutevejledning:

a) Rør 3 kopper fedtfattig yoghurt, 1 kop mayo, $\frac{1}{2}$ kop ferskensyltetøj, 1 spsk appelsinjuice, $\frac{1}{2}$ tsk karrypulver og $\frac{1}{2}$ tsk peber sammen i en skål i kraniestørrelse eller et udtaget salathoved. Afkøles.

b) Saml skelet

57. Krydret vintercrudite

Ingredienser:

- 1 rødløg; skrællet i skiver
- 1 grøn peber; frøet og skåret
- 1 rød eller gul peber; frøet og skåret
- 1 majroer; skrællet og tyndt
- 2 kopper blomkålsbuketter
- 2 kopper broccolibuketter
- 1 kop baby gulerødder; trimmet
- $\frac{1}{2}$ kop radiser i tynde skiver
- 2 spsk salt
- $1\frac{1}{2}$ kop olivenolie
- 1 gult løg; skrællet og fint; hakket
- $\frac{1}{8}$ teske safran tråde
- Knip gurkemeje, stødt spidskommen, sort peber, paprika, cayenne, salt

Rutevejledning:

a) Læg de tilberedte grøntsager i en stor skål, drys dem med de 2 spsk salt, og tilsæt det kolde vand.

b) Dagen efter drænes og skylles grøntsagerne. Forbered marinaden ved at simre løg, krydderier og salt i olivenolien i 10 minutter.

c) Fordel grøntsagerne i et 9 x 13 tommer fad. Hæld den varme marinade over dem.

d) Overfør til en dekorativ skål til servering, enten kold eller ved stuetemperatur.

58.   Trefarvet crudites fad

Ingredienser:

- ¼ kop Plus 1T rødvinseddike
- 3 spiseskefulde Dijon sennep
- ½ kop Plus 2 T olivenolie
- 2 spsk Hakket frisk basilikum ELLER
- 2 teskefulde Tørret basilikum
- 2 spsk Hakket frisk purløg el
- Grønne løg
- 1 tsk Hakket frisk rosmarin
- 2 store agurker, skrællede,
- 2 teskefulde Salt
- 2 store, rå rødbeder, skrællede, revet
- 2 store gulerødder, skrællede, revet
- 2 store zucchini, revet
- 1 bundt radiser, trimmet

Rutevejledning:

a) Pisk eddike og dijonsennep for at blande i en lille skål. Pisk gradvist olivenolie i. Bland basilikum, purløg og rosmarin i. Smag til med salt og peber.

b) Smid agurker og 2 tsk salt i skålen. Lad stå 1 time. Skyl og afdryp godt. Placer agurker i en lille skål; tilsæt nok dressing til pelsen.

c) Læg rødbeder, gulerødder og zucchini i separate skåle. Kast hver grøntsag med nok dressing til at dække.

59.   <u>**Læg grøntsager på et fad**</u>

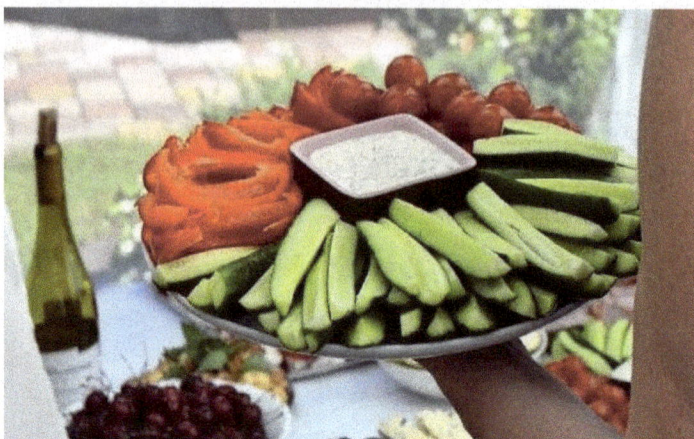

Ingredienser:

- 1 kop Majs på dåse, drænet
- 1 lille Grønt løg, hakket
- 1 grøn peber, hakket
- 1 fed hvidløg, hakket
- 1 frisk tomat, hakket
- $\frac{1}{4}$ kop Frisk persille, hakket
- $\frac{1}{4}$ kop Ekstra jomfru oliven olie
- 2 spsk balsamicoeddike
- Salt , Peber
- 1 Skvalderkål, hakket

Rutevejledning:

A) BLAND MAJS MED LØG, GRØN PEBER, HVIDLØG OG TOMAT. BLAND OLIVENOLIE OG EDDIKE I EN SEPARAT LILLE SKÅL ELLER KOP.

B) HÆLD OVER GRØNTSAGER, VEND MED PERSILLE; SMAG TIL MED SALT OG PEBER. PYNT HVER PORTION MED SPIDSKÅL.

60.   Gedeost Guacamole

Serverer: 4-6

ingredienser

- 2 avocadoer
- 3 ounce gedeost
- skal fra 2 limefrugter
- citronsaft fra 2 limefrugter
- $\frac{3}{4}$ tsk hvidløgspulver
- $\frac{3}{4}$ tsk løgpulver
- $\frac{1}{2}$ tsk salt
- $\frac{1}{4}$ tsk rød peberflager (valgfrit)
- $\frac{1}{4}$ tsk peber

Rutevejledning:

a) Kom avocadoerne i en foodprocessor og blend til en jævn masse. Tilsæt resten af ingredienserne og blend indtil det er inkorporeret.

b) Server med chips.

61. Bayersk festdip/spread

Udbytte: 1 1/4 pund

Ingredienser:

- $\frac{1}{2}$ kop løg, hakket
- 1 pund Braunschweiger
- 3 ounce flødeost
- $\frac{1}{4}$ tsk sort peber

Rutevejledning:

a) Sautér løgene i 8-10 minutter, under jævnlig omrøring; fjern fra varmen og afdryp. Fjern tarmen fra Braunschweiger og bland kødet med flødeosten, indtil det er glat. Bland løg og peber i.

b) Server som leverpålæg på kiks, tynde skiver festrug eller server som dip ledsaget af en række friske rå grøntsager som gulerødder, selleri, broccoli, radiser, blomkål eller cherrytomater.

62. Bagt artiskok festdip

Ingredienser:

- 1 Brød stort mørkt rugbrød
- 2 spsk Smør
- 1 bundt grønne løg; hakket
- 6 fed frisk hvidløg; finthakket, op til 8
- 8 ounce flødeost; ved stuetemp.
- 16 ounce Creme fraiche
- 12 ounce Revet cheddarost
- 1 dåse (14 oz.) artiskokhjerter; drænet og skåret i kvarte (vandpakket ikke marineret)

Rutevejledning:

a) Skær et hul i toppen af brødet ca. 5 inches i diameter. Fjern blødt brød fra udskåret portion og kassér det. Reservér skorpen til at lave toppen til brød.

b) Fjern det meste af den bløde indvendige del af brødet og gem til andre formål, såsom fyld eller tørrede brødkrummer. I smørret,

c) Svits grønne løg og hvidløg, indtil løgene visner. Skær flødeosten i små bidder, tilsæt løg, hvidløg, creme fraiche og cheddarost. Bland godt. Fold i artiskokhjerter , Ud al denne blanding i udhulet brød. Læg toppen på brødet og pak det ind i en kraftig aluminiumsfolie . Bages i 350 grader varm ovn i $1\frac{1}{2}$ time.

d) Fjern folien, når den er klar, og server ved at bruge cocktailrugbrød til at dyppe saucen ud.

63. Asparges og feta kanapeer

Ingrediens
- 20 skiver Tyndt hvidt brød
- 4 ounces blå ost
- 8 ounce flødeost
- 1 Æg
- 20 Spears dåse asparges afdryppet
- $\frac{1}{2}$ kop smeltet smør

Rutevejledning:
a) Skær skorpene af brødet og flad dem med en kagerulle. Blend oste og æg til en brugbar konsistens og fordel jævnt på hver skive brød. Læg et aspargesspyd på hver skive og rul sammen. Dyp i smeltet smør for at dække grundigt. Læg på bagepapir og frys.
b) Når den er fast frosset, skæres den i mundrette stykker. (Hvis du fryser til en fremtidig dato, læg små stykker i en frysepose - optø ikke for at lave mad) Placer på en bageplade og bag ved 400 F i 20 min.

64. Stegte fiske- og skaldyrskanapeer

Ingrediens
- 1 kop Kogt skaldyr, i flager
- 6 skiver hvidt brød
- ¼ kop Smør
- ¼ kop Cheddar eller 1/3 kop ketchup eller chilisauce
- Amerikansk ost, revet

Rutevejledning:
a) Toast brød på den ene side; Skær skorpene af og skær brødet i halve.
b) Smør un ristede sider; dæk med et lag skaldyr, derefter ketchup og top med ost. Læg kanapeer på en bageplade under slagtekyllingen.
c) Steg indtil osten er smeltet og kanapéerne er gennemvarmet.
d) Giver 12 kanapeer .

65.   Kaviar- kanapeer og hors d'oeuvres

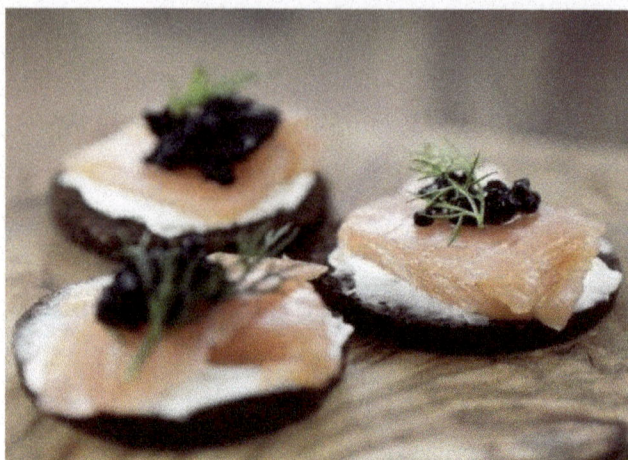

Ingrediens
- brød skåret i former eller Melbas
- æggesalat pålæg
- en spredning af kaviar, hakket løg og citron
- Juice
- en enkelt lille reje som pynt.
- en ring skåret, rå, mildt løg

Rutevejledning:
a) dyp skive agurk i fransk dressing og læg indvendig løgring
b) dæk agurk med lille bunke kaviar krydret med citron- og løgsaft
c) Pynt med kapers, purløg eller ristede hårdkogte æg.

66.   Fromage-chevre kanapeer

Ingrediens

- 10 små røde kartofler (3/4 pund)
- Grøntsags madlavningsspray
- $\frac{1}{4}$ tsk salt
- $\frac{1}{4}$ kop Skummetmælk
- 6 ounce Chevre, (mild gedeost)
- 20 belgiske endivblade, (3 mellemstore hoveder)
- 10 kerneløse røde druer, halveret
- 1 spsk kaviar

Rutevejledning:

a) Damp kartofler, tildækket, 13 minutter eller indtil de er møre; lad afkøle.

b) Overtræk kartoflerne let med madlavningsspray og skær dem i halve. Skær og kassér en tynd skive fra bunden af hver kartoffelhalvdel, så de kan rejse sig.

c) Drys kartoffelhalvdelene med salt.

d) Kombiner mælk og ost i en skål; rør grundigt.

e) Hæld blandingen i en kagepose udstyret med en stor stjernespids; rør blandingen på kartoffelhalvdelene og i endivieblade. Top hvert endivieblad med en druehalvdel. Dæk til og afkøl, hvis det ønskes.

67. Solide champignon -kanapeer

Ingrediens
- $\frac{1}{4}$ kop hakkede svampe
- $\frac{1}{4}$ kop revet Monterey Jack ost
- $\frac{1}{4}$ kop mayonnaise
- 3 skiver rugbrød
- $1\frac{1}{2}$ tsk revet parmesanost

Rutevejledning:

a) Rist rugbrødet og skær det i halve.
b) Dæk hver halvdel med svampe-ostblanding og drys med parmesan og bag ved 350 F. i 15-20 minutter, eller indtil osten er boblende.

68. Rumaki kanapeer

Ingrediens
- ½ kop Vand
- 1 tsk Kyllingebouillon
- 250 gram Kyllingelever
- 1 spiseskefuld Shoyu
- ½ tsk Løgpulver, tør sennep
- ¼ teskefuld Muskatnød
- ¼ kop Tør sherry
- 1 streg Pebersauce
- 220 gram Vand kastanjer
- 6 Bacon

Rutevejledning:

a) Bland vand, bouillon og lever i en 1-liters gryde. Kog ved høj 4-5 minutter , indtil den ikke længere er lyserød. Dræne.

b) Steg bacon på køkkenrulle ved høj temperatur i 5-6 minutter , indtil det er sprødt. Smuldr og sæt til side.

c) Kom lever, shoyu, løg og sennep, muskatnød og sherry i foodprocessor. Blend indtil glat. Tilsæt pebersauce sparsomt. Rør vandkastanjer og bacon i.

d) Fordel tykt på toast trekanter eller kiks. Forbered på forhånd og opvarm igen ved at placere dem på en plade med papir. Brug middelhøj effekt 1-2 minutter , indtil den er gennemvarmet.

e) Pynt med olivenskive eller peberfrugt.

69. Laksemousse kanapeer

Ingrediens

- 7½ ounce rød laks på dåse, drænet
- 2 ounce røget laks, skåret i 1-tommers stykker
- ¼ tsk revet citronskal
- 3 spiseskefulde fedtfri mayonnaise
- 1 spsk Frisk citronsaft
- ¼ kop hakket rød peberfrugt
- 2 spsk Hakket grønne løg
- 1 spsk hakket frisk persille
- 1 skvæt friskkværnet peber
- 8 skiver pumpernickel-brød til fest
- 8 skiver Rugbrød i feststil
- 4 Rugknækbrød, knækket på midten
- ½ kop Alfalfa spirer

Rutevejledning:

a) Kassér skind og ben fra dåse laks; flage laks med en gaffel.

b) Placer knivbladet i foodprocessorskålen; tilsæt laks, røget laks og de næste 3 ingredienser. Bearbejd indtil glat.

c) Hæld i en skål; rør peberfrugt og de næste 3 ingredienser i. Dæk til og afkøl. Udbytte: 2 dusin appetitvækkere (portionsstørrelse: 1 forretter).

70.   Spirer fyldte kanapeer

Ingrediens
- 1 pakke kanapeer i ønsket form
- 1 kop bønnespirer
- $\frac{1}{2}$ kop finthakket løg
- $\frac{1}{2}$ kop finthakket tomat
- $\frac{1}{4}$ kop finthakket koriander
- $\frac{1}{4}$ kop finthakket kogt kartoffel
- $\frac{1}{2}$ citron
- Salt efter smag
- Friskmalet spidskommenfrøpulver
- 4 grønne chilier finthakket; (4 til 5)
- 1 kop fine bikaneri sev; (valgfri)
- $\frac{1}{2}$ kop Tamarind chutney
- $\frac{1}{2}$ kop grøn chutney
- Olie til friturestegning eller ovn til bagning

Rutevejledning:

a) Dybsteg dem, indtil de er lysebrune. Afdryp på køkkenrulle. Lav alle kanapéerne og hold dem til side.

b) Bland løg, tomat, kartofler, halvdelen af koriander, citron, salt og grøn chili sammen. Afkøl det i nogen tid.

c) Før fyldblandingen serveres i kanapéerne, lægges et skvæt af begge chutneys ovenpå. Drys en knivspids salt og spidskommen pulver (jeera). Pynt med sev og resterende koriander.

71.   Tun og agurkebid

- 2 (5-ounce) dåser tun pakket i vand, drænet
- 2 store hårdkogte æg, pillet og hakket
- 1/2 kop mayonnaise _
- 1/2 tsk salt _
- 1/2 tsk sort peber
- 2 tsk gedeost
- 1 mellemstor agurk, skåret i runde stykker

Rutevejledning:

a) Kom tun i en mellemstor skål med hakkede æg, mayonnaise, salt og peber. Mos med en gaffel indtil det er blandet.

b) Fordel en lige stor mængde gedeost på hver agurkeskive og top med tunsalatblanding.

72. Rødbeder forret salat

Ingrediens

- 2 pund rødbeder
- Salt
- ½ hver Spansk løg i tern
- 4 tomater, flået, frøet og skåret i tern
- 2 spsk Eddike
- 8 spsk olivenolie
- Sorte oliven
- 2 hver Hvidløgsfed, hakket
- 4 spiseskefulde Italiensk persille, hakket
- 4 spiseskefulde Koriander, hakket
- 4 medier Kartofler, kogte
- Salt og peber
- Varm rød peber

Rutevejledning:

a) Skær enderne af rødbederne af. Vask godt og kog i kogende saltet vand, indtil de er møre. Dræn og fjern skindet under rindende koldt vand. Terning.

b) Bland ingredienserne til dressingen sammen.

c) Kom rødbeder i en salatskål med løg, tomat, hvidløgskoriander og persille. Hæld halvdelen af dressingen over, vend forsigtigt og stil på køl i 30 minutter. Skær kartoflerne i skiver, læg dem i en lav skål og vend dem med resten af dressingen. Chill.

d) Når du er klar til at samle, arrangerer du rødbeder, tomat og løg i midten af en lav skål og kartofler i en ring omkring dem. Pynt med oliven.

73. Karryæg salat endivie kopper

Ingrediens

- 1 stort hårdkogt æg, pillet
- 1 tsk karrypulver
- 1 spsk kokosolie
- 1/8 $_{tsk}$ havsalt _
- 1/8 tsk $_{sort}$ peber
- 2 belgiske endiveblade, vasket og tørret

Rutevejledning:

A) I EN LILLE FOODPROCESSOR BLANDES ALLE INGREDIENSER UNDTAGEN ENDIVE INDTIL DET ER GODT BLANDET.

B) HÆLD 1 SPSK ÆGGESALATBLANDING PÅ HVER ENDIVIEKOP.

C) SERVER STRAKS.

74.   Nasturtium reje appetitvækker salat

Ingrediens

- 2 tsk frisk citronsaft
- $\frac{1}{4}$ kop olivenolie
- Salt og peber
- 1 kop kogte rejer; hakket
- 2 spsk hakket løg
- 1 lille tomat; terninger
- 1 avokado; terninger
- Salatblade
- 2 spsk Hakkede nasturtiumblade
- Nasturtium blomster

Rutevejledning:

a) Pisk citronsaft og olie sammen. Smag til med salt og peber. Tilsæt løg og rejer og bland. Lad stå 15 minutter.

b) Tilsæt tomat, avocado og hakkede nasturtiumblade. Høj på salatblade og omkrans med friske hele nasturtium-blomster.

75. Zucchini forret salat

Ingrediens

- ½ kop Frisk citronsaft
- ½ kop Salat olie
- 1 stor Hvidløgsfed
- Salt og peber efter smag
- 2 knivspidser Sukker
- 8 Zucchini
- Salatblade
- 2 medier Størrelse tomater
- ½ lille hakket grøn peber
- 3 spiseskefulde Meget fintsnittet spidskål _
- 1 spsk Kapers
- 1 kvist persille
- 1 tsk Basilikum
- ½ tsk Oregano

Rutevejledning:

a) D resning: Kombiner alle ingredienserne og stil til side.

b) Salat: Lad skrællet hele zucchini simre i saltet vand i ca. 5 minutter uden låg. Hæld det varme vand fra og skyl straks med koldt vand for at stoppe tilberedningen. Dræne. Skær hver zucchini i halve på langs.

c) Skrab forsigtigt frugtkødet ud . Læg zucchini med skæresiden opad i et fladt fad uden metal. Dæk med halvdelen af dressingen.

d) Dæk tæt med folie. placeres i køleskabet for at marinere i mindst 4 timer.

76. <u>Pebersalat forret</u>

Ingrediens
77.   6 store søde peberfrugter
78.1 mellemstor løg; groft hakket
79.   Salt og peber efter smag
80.   3 spsk eddike (mere hvis det ønskes)
81.¼ kop olivenolie
82.   Oregano

Rutevejledning:
a) Bag peberfrugter i varm 450 F ovn i cirka 20 minutter eller indtil visnet og blød. Fjern frø og ydre hud.
b) Skær i stykker og kom i en skål. Tilsæt løg, salt og peber. Bland eddike og olivenolie og tilsæt peberfrugt.
c) Drys med oregano. Juster eventuelt krydderier.

77.   Fest antipasto salat

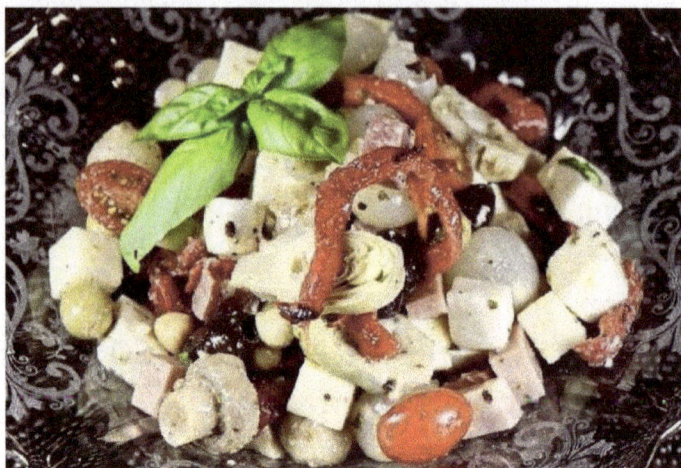

Ingrediens

- 1 dåse (16 oz.) artiskokhjerter; drænet/halveret
- 1 pund frosne rosenkål
- $\frac{3}{4}$ pund Cherrytomater
- 1 krukke (5 3/4 oz.) grønne spanske oliven; drænet
- 1 krukke (12 oz.) pepperoncini peberfrugter; drænet
- 1 pund Friske svampe; gjort rent
- 1 dåse (16 oz.) hjerter af palme; valgfri
- 1 pund Pepperoni eller salami; terninger
- 1 krukke (16 oz.) sorte oliven; drænet
- $\frac{1}{4}$ kop Rødvinseddike
- $\frac{3}{4}$ kop Olivenolie
- $\frac{1}{2}$ tsk Sukker
- 1 tsk Dijon sennep
- Salt; at smage
- Friskkværnet peber; at smage

Rutevejledning:

a) Bland alle ingredienser, inden du tilsætter vinaigretten.

b) Stil på køl i 24 timer.

78.   Pink festsalat

Ingrediens

- 1 dåse (Nr. 2) knust ananas
- 24 store Skumfiduser
- 1 pakke Jordbær Jello
- 1 kop Flødeskum
- 2 kopper Sm. ostemasse hytteost
- $\frac{1}{2}$ kop Nødder; hakket

Rutevejledning:

a) Varm saft fra ananas med skumfiduser og Jello. Fedt nok.

b) Bland flødeskum, ananas, hytteost og nødder. Tilsæt den første blanding og vend i.

c) Afkøl natten over.

79.   Cajun spam fest salat

Ingrediens

- 8 ounce Pasta i form af vognhjul
- 1 dåse Marinerede artiskokhjerter (6 oz)
- 1 dåse SPAM frokostkød, i tern (12 oz)
- ⅓ kop Olivenolie
- ¼ kop Kreolsk krydderblanding
- 1 spiseskefuld Citronsaft
- 1 spiseskefuld Mayonnaise eller salatdressing
- 1 spiseskefuld Hvidvinseddike
- 1 kop Peberfrugt i tern
- ½ kop Hakket rødløg
- ½ kop Skivede modne oliven
- Frisk basilikum og tørret oregano
- ½ tsk Tør sennep
- ½ tsk Tørrede timianblade
- 1 fed hvidløg, hakket

Rutevejledning:

a) Dræn artiskokker, behold marinade; skåret i kvarte.

b) I en stor skål kombineres alle salatens ingredienser. Kombiner den reserverede artiskokmarinade i en blender med de resterende ingredienser til dressingen.

c) Bearbejd indtil glat. Tilsæt dressing til salaten, vend godt rundt. Dæk til og afkøl flere timer eller natten over.

80. Cocktail teriyaki

Ingrediens

- 3½ pund Magert oksekød
- 1 kop Soya sovs
- 3 fed hvidløg; finthakket
- 2 spsk Frisk revet ingefær
- 1 tsk Accent

Rutevejledning:

a) Skær oksekød i ½-tommers tern. Kombiner sojasovs, ingefær, hvidløg og Accent.

b) Lad blandingen blande i 1 time. Tilsæt til oksekød og mariner natten over i køleskabet i en plastikpose eller lavvandet plastik- eller glasbeholder, mens der røres af og til.

c) Spid kødtern på små bambusstænger, ca 4-5 pr. Gør omkring 70 cocktailkabobs.

d) Arranger a t r aktivt på foliedækket bakke og lad gæster stege individuelt på habachi eller grill .

81. Prosciutto chips

Ingrediens

- 12 (1-ounce) skiver prosciutto

- Olie

Rutevejledning:

A) FORVARM OVNEN TIL 350°F.

B) BEKLÆD EN BAGEPLADE MED BAGEPAPIR OG LÆG PROSCIUTTOSKIVER UD I ET ENKELT LAG. BAG 12 MINUTTER ELLER INDTIL PROSCIUTTO ER SPRØD.

C) LAD DEN KØLE HELT AF INDEN DU SPISER.

82. Roechips

Ingrediens

- 10 mellemstore rødbeder
- 1/2 $_{kop}$ avocadoolie _
- 2 tsk havsalt
- 1/2 $_{tsk}$ granuleret hvidløg

Rutevejledning:

A) FORVARM OVNEN TIL 350°F. BEKLÆD ET PAR BAGEPLADER MED BAGEPAPIR OG STIL TIL SIDE.

B) SKRÆL RØDBEDERNE MED EN GRØNTSAGSSKÆRER OG SKÆR ENDERNE AF. SKÆR FORSIGTIGT RØDBEDER I RUNDE SKIVER, CA. 3 MM TYKKE, MED EN MANDOLINSKÆRER ELLER EN SKARP KNIV.

C) LÆG SNITTEDE RØDBEDER I EN STOR SKÅL OG TILSÆT OLIE, SALT OG GRANULERET HVIDLØG. KAST FOR AT BELÆGGE HVER SKIVE. SÆT 20 MINUTTER TIL SIDE, OG LAD SALT TRÆKKE OVERSKYDENDE FUGT UD.

D) DRÆN OVERSKYDENDE VÆSKE OG ANBRING DE SKÅRET RØDBEDER I ET ENKELT LAG PÅ FORBEREDTE BAGEPLADER. BAGES I 45 MINUTTER ELLER INDTIL DE ER SPRØDE.

E) TAG UD AF OVNEN OG LAD KØLE AF. OPBEVAR I EN LUFTTÆT BEHOLDER, INDTIL DEN SKAL SPISES, OP TIL 1 UGE.

83. Bygchips

Ingrediens

- 1 kop universalmel
- $\frac{1}{2}$ kop bygmel
- $\frac{1}{2}$ kop rullet byg (byg
- flager)
- 2 spsk sukker
- $\frac{1}{4}$ tsk salt
- 8 spsk (1 stok) smør el
- Margarine, blødgjort
- $\frac{1}{2}$ kop Mælk

Rutevejledning:

a) I en stor skål eller i foodprocessoren røres mel, byg, sukker og salt sammen.

b) Skær smørret i, indtil blandingen minder om groft mel. Tilsæt nok af mælken til at danne en dej, der holder sammen i en sammenhængende kugle.

c) Del dejen i 2 lige store portioner til rulning. På en meldrysset overflade eller wienerbrødsklud rulles ud til $\frac{1}{8}$ til $\frac{1}{4}$ tomme. Skær i 2-tommer cirkler eller firkanter og læg dem på en let smurt eller pergamentbeklædt bageplade. Prik hver kiks 2 eller 3 steder med tænderne på en gaffel.

d) Bages i 20 til 25 minutter, eller indtil medium brun. Afkøl på en rist.

84. Cheddar mexi-smelte chips

Ingrediens

- 1 kop revet skarpe cheddar ost
- 1/8 tsk granuleret hvidløg
- 1/8 tsk chilipulver _
- 1/8 tsk stødt spidskommen
- 1/16 tsk cayennepeber _
- 1 spsk finthakket koriander
- 1 tsk olivenolie

Rutevejledning:

A) FORVARM OVNEN TIL 350°F. FORBERED EN BAGEPLADE MED BAGEPAPIR ELLER EN SILPAT MÅTTE.

B) BLAND ALLE INGREDIENSER I EN MELLEMSTOR SKÅL, INDTIL DET ER GODT BLANDET.

C) DROP PORTIONER PÅ STØRRELSE MED SPISESKEFULDE PÅ TILBEREDT BAGEPAPIR.

D) KOG 5-7 MINUTTER, INDTIL KANTERNE BEGYNDER AT BLIVE BRUNE.

E) LAD DET KØLE AF I 2-3 MINUTTER, FØR DU FJERNER DET FRA BAGEPAPIRET MED EN SPATEL.

85.   Pepperoni chips

Ingrediens

- 24 skiver sukkerfri pepperoni

- Olie

Rutevejledning:

A) FORVARM OVNEN TIL 425°F.

B) BEKLÆD EN BAGEPLADE MED BAGEPAPIR OG LÆG PEPPERONISKIVER I ET ENKELT LAG.

C) BAG 10 MINUTTER OG TAG DEREFTER UD AF OVNEN OG BRUG ET KØKKENRULLE TIL AT FJERNE OVERSKYDENDE FEDT. TILBAGE TIL OVNEN 5 MINUTTER MERE, ELLER INDTIL PEPPERONI ER SPRØD.

86. _Angel sprød_

Ingrediens

- ½ kop Sukker
- ½ kop brunt sukker
- 1 kop Afkortning
- 1 æg
- 1 tsk Vanilje
- 1 tsk Fløde af tatar
- 2 kopper Mel
- ½ tsk Salt
- 1 tsk Bagepulver

Rutevejledning:

a) Flødesukker, farin og matfett. Tilsæt vanilje og æg. Blend til det er luftigt. Tilsæt de tørre ingredienser; blanding.

b) Rul teskefulde til kugler. Dyp i vand og derefter i perlesukker. Læg den på en bageplade med sukkersiden opad, og flad den derefter med et glas.

c) Bages ved 350 grader i 10 minutter.

87. <u>Kyllingeskindsprød satay</u>

Ingrediens

- Skind fra 3 store kyllingelår
- 2 spiseskefulde chunky jordnøddesmør uden sukker
- 1 spsk usødet kokoscreme
- 1 tsk kokosolie
- 1 tsk frøet og hakket jalapeñopeber
- 1/4 fed _{hvidløg}, hakket
- 1 tsk kokosnødde aminosyrer

Rutevejledning:

A) FORVARM OVNEN TIL 350°F. LÆG SKINDET SÅ FLADT SOM MULIGT PÅ EN BAGEPLADE BEKLÆDT MED BAGEPAPIR.

B) BAG 12-15 MINUTTER, INDTIL SKINDET BLIVER LYSEBRUNT OG SPRØDT, PAS PÅ IKKE AT BRÆNDE DEM.

C) FJERN SKINDET FRA BAGEPAPIRET OG LÆG DET PÅ ET KØKKENRULLE TIL AFKØLING.

D) TILSÆT JORDNØDDESMØR, KOKOSFLØDE, KOKOSOLIE, JALAPEÑO, HVIDLØG OG KOKOSNØDDEAMINOS I EN LILLE FOODPROCESSOR. BLAND INDTIL GODT BLANDET, OMKRING 30 SEKUNDER.

E) SKÆR HVERT SPRØDT KYLLINGESKIND I 2 STYKKER.

F) LÆG 1 SPSK JORDNØDDESAUCE PÅ HVER KYLLINGESPRØD OG SERVER MED DET SAMME.

HVIS SAUCEN ER FOR FLYDENDE, STILLES DEN PÅ KØL 2 TIMER FØR BRUG.

88. Kyllingeskind med avocado

Ingrediens

- Skind fra 3 store kyllingelår
- 1/4 medium avocado, skrællet og udstenet
- 3 spsk fuldfed creme fraiche
- 1/2 medium jalapeñopeber, frøet og finthakket
- 1/2 tsk havsalt _

Rutevejledning:

A) FORVARM OVNEN TIL 350°F. LÆG SKINDET SÅ FLADT UD SOM MULIGT PÅ EN BAGEPLADE BEKLÆDT MED BAGEPAPIR.

B) BAG 12-15 MINUTTER, INDTIL SKINDET BLIVER LYSEBRUNT OG SPRØDT, PAS PÅ IKKE AT BRÆNDE DEM.

C) FJERN SKINDET FRA BAGEPAPIRET OG LÆG DET PÅ ET KØKKENRULLE TIL AFKØLING.

D) KOMBINER AVOCADO, CREME FRAICHE, JALAPEÑO OG SALT I EN LILLE SKÅL.

E) BLAND MED EN GAFFEL, INDTIL DET ER GODT BLANDET.

F) SKÆR HVERT SPRØDT KYLLINGESKIND I 2 STYKKER.

G) LÆG 1 SPSK AVOCADOBLANDING PÅ HVER KYLLINGESPRØD OG SERVER MED DET SAMME.

89. Parmesan grøntsagschips

Ingrediens

- 3/4 kop strimlet _{zucchini}
- 1/4 _{kop} revne gulerødder
- 2 kopper friskrevet parmesanost
- 1 spsk olivenolie
- 1/4 tsk sort _{peber}

Rutevejledning:

A) FORVARM OVNEN TIL 375°F. FORBERED EN BAGEPLADE MED BAGEPAPIR ELLER EN SILPAT MÅTTE.

B) PAK STRIMLEDE GRØNTSAGER IND I ET KØKKENRULLE OG VRID OVERSKYDENDE FUGT UD.

C) BLAND ALLE INGREDIENSER I EN MELLEMSTOR SKÅL, INDTIL DE ER GRUNDIGT KOMBINERET.

D) PLACER SPISESKEFULDE HØJE PÅ FORBEREDT BAGEPAPIR.

E) BAGES I 7-10 MINUTTER, INDTIL DE ER LET BRUNE.

F) LAD AFKØLE 2-3 MINUTTER OG FJERN FRA BAGEPAPIR.

90. <u>Græskartærte kokosknas</u>

Ingrediens

- 2 spsk kokosolie
- 1/2 $_{tsk}$ vaniljeekstrakt _
- 1/2 $_{tsk}$ græskartærtekrydderi _
- 1 spiseskefuld granuleret erythritol
- 2 kopper usødede kokosflager
- 1/8 $_{tsk}$ salt _

Rutevejledning:

A) FORVARM OVNEN TIL 350°F.

B) KOM KOKOSOLIE I EN MELLEMSTOR SKÅL, DER TÅLER MIKROOVN, OG LAD DEN SMELTE I MIKROBØLGEOVNEN, CIRKA 20 SEKUNDER. TILSÆT VANILJEEKSTRAKT, GRÆSKARTÆRTEKRYDDERI OG GRANULERET ERYTHRITOL TIL KOKOSOLIE OG RØR, INDTIL DET ER BLANDET.

C) PLACER KOKOSFLAGER I EN MELLEMSTOR SKÅL, HÆLD KOKOSOLIEBLANDINGEN OVER DEM, OG VEND TIL BELÆGNING. BRED UD I ET ENKELT LAG PÅ EN BAGEPLADE OG DRYS MED SALT.

D) BAG 5 MINUTTER ELLER INDTIL KOKOS ER SPRØD.

91.   Kyllingeskindsprød alfredo

Ingrediens

- Skind fra 3 store kyllingelår
- 2 spsk ricottaost
- 2 spsk flødeost
- 1 spsk revet parmesanost
- 1/4 fed hvidløg , hakket
- 1/4 tsk malet hvid peber

Rutevejledning:

a) Forvarm ovnen til 350°F. Læg skindet så fladt som muligt på en bageplade beklædt med bagepapir.

b) Bag 12-15 minutter, indtil skindet bliver lysebrunt og sprødt, pas på ikke at brænde dem.

c) Fjern skindet fra bagepapiret og læg det på et køkkenrulle til afkøling.

d) Tilsæt oste, hvidløg og peber i en lille skål. Bland med en gaffel, indtil det er godt blandet.

e) Skær hvert sprødt kyllingeskind i 2 stykker.

f) Læg 1 spsk osteblanding på hver kyllingesprød og server med det samme.

92.   Æble- og jordnøddesmørstabler

ingredienser

- 2 mellemstore æbler
- 1/3 kop tyk jordnøddesmør
- Valgfrit fyld: granola, halvsød miniature chokoladechips

Vejbeskrivelse

a) Kerne æbler. Skær hvert æble på kryds og tværs i seks skiver. Fordel jordnøddesmør over seks skiver; drys med fyld efter eget valg.

b) Top med de resterende æbleskiver.

93. Stegte grønne tomater

ingredienser

- 1/4 kop fedtfri mayonnaise
- 1/4 tsk revet limeskal
- 2 spsk limesaft
- 1 tsk hakket frisk timian eller 1/4 tsk tørret timian
- 1/2 tsk peber, delt
- 1/4 kop universalmel
- 2 store æggehvider, let pisket
- 3/4 kop majsmel
- 1/4 tsk salt
- 2 mellemgrønne tomater
- 2 mellemrøde tomater
- 2 spsk rapsolie
- 8 skiver canadisk bacon

Vejbeskrivelse

a) Bland de første 4 ingredienser og 1/4 tsk peber; stilles på køl indtil servering. Placer mel i en lav skål; læg æggehvider i en separat lav skål. I en tredje skål blandes majsmel, salt og resterende peber.

b) Skær hver tomat på kryds og tværs i 4 skiver. Driv 1 skive i mel til let belægning; ryst overskydende af. Dyp i æggehvider og derefter i majsmelblanding. Gentag med de resterende tomatskiver.

c) I en stor nonstick-gryde opvarmes olie over medium varme. Kog tomaterne i partier, indtil de er gyldenbrune, 4-5 minutter på hver side.

d) I samme gryde brunes let canadisk bacon på begge sider. For hver stak 1 skive hver grøn tomat, bacon og rød tomat. Server med sauce.

94.   No-Brød BLT

udbytte: 1 SERVERING

ingredienser

- 6 skiver bacon, skåret i halve vandret
- salatblade
- frisk tomat, skåret i skiver

Vejbeskrivelse

a) Læg tre skiver ved siden af hinanden i en lodret række på en bageplade beklædt med en silikonemåtte.

b) Klap toppen af de to yderste skiver ned, og læg derefter en skive bacon vandret hen over dem.

c) Klap baconen op igen, klap derefter den centrale skive op, og læg en anden vandret skive i midten. Tilføj derefter den sidste vandrette skive i bunden ved at klappe de to yderste skiver op.

d) Gentag for at danne endnu en baconvævning (du skal bruge to pr. BLT).

e) Placer en omvendt non-stick rist over toppen af baconen og steg under en forvarmet slagtekylling, indtil baconen begynder at blive sprød. Fjern risten, og vend baconen. Vend tilbage til slagtekyllingen, hvis det er nødvendigt.

f) Overfør baconvævene til køkkenpapir for at dræne det overskydende fedt.

g) Tilføj skiveskåret tomat og sprød romainesalat til den ene baconvævning, og top derefter den anden vævning.

95. Æble-, skinke- og ostesandwicher

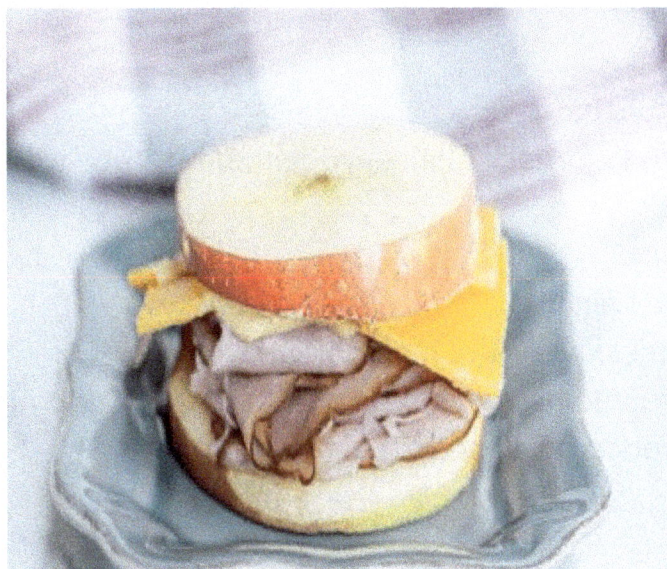

Portioner: 2
ingredienser
- æble
- Skinke skiver
- Colby Jack Slices
- Brun sennep, Dijon-stil eller krydderi efter eget valg

Vejbeskrivelse
a) Skær æbler i ringe.
b) Tilsæt Skinkeskiver. Top med osteskiver.
c) Fordel sennep på den øverste ring af sandwichen og læg ovenpå (krydderisiden nedad).

96.   <u>Søde kartoffel burger boller</u>

ingredienser

- 1 stor sød kartoffel
- 2 teskefulde olivenolie
- Salt og peber

Vejbeskrivelse

a) Skræl og skær dine søde kartofler i tern i form af burgerboller.

b) Du skal bruge 2 mellemstore skiver til hver burger du laver. Du kan tilberede op til 16 skiver på én gang i airfryeren, før din airfryer bliver overfyldt.

c) Brug dine hænder til at gnide olivenolien over dem.

d) Smag til med salt og peber.

e) Kog i 10 minutter ved 180c/360f i airfryeren.

f) Placer dine middelhavsburgere mellem to søde kartoffel-burgerboller og server.

97. Agurk Subs

SERVER 2

ingredienser

- 2 agurker
- deli kød-kalkun, skinke eller andre deli kød skiver eller barberet
- bacon (valgfrit)
- grønne løg (valgfrit)
- tomater (valgfrit)
- enhver sandwichfyld (valgfrit)
- latterkoost eller mayo eller flødeost eller andet krydderi

Vejbeskrivelse

a) Skær agurken på langs, fra spids til spids. Tag indersiden af agurken ud for at give plads til dine sandwichfyld. Tilføj kød, grøntsager og andre sandwichfremstillinger til indersiden af agurken.

b) Læg den ene halvdel af agurken på den anden halvdel. God fornøjelse!!

98.   Brødløs italiensk subsandwich

Udbytte: 4 sandwich

ingredienser

- 8 store Portobello-svampe, tørret af
- 2 spsk ekstra jomfru olivenolie
- Kosher salt
- 1 spsk rødvinseddike
- 1 spsk finthakket pepperoncini med frø
- 1/2 tsk tørret oregano
- Friskkværnet sort peber
- 2 ounce skiver provolone (ca. 4 skiver)
- 2 ounce tyndt skåret skinke med lavt natriumindhold (ca. 4 skiver)
- 1 ounce tyndt skåret Genova salami (ca. 4 skiver)
- 1 lille tomat, skåret i 4 skiver
- 1/2 kop strimlet icebergsalat
- 4 peberfrugtfyldte oliven

Vejbeskrivelse

a) Placer en ovnrist i den øverste tredjedel af ovnen, og forvarm grillen.

b) Fjern stilkene fra svampene og kassér dem. Læg svampehætterne med gællesiden opad og brug en skarp kniv til at fjerne gællerne helt (så hætterne ligger fladt). Arranger svampehattene på en bageplade, pensl det hele med 1 spsk olie og drys med 1/4 tsk salt. Steg indtil hætterne er lige møre, vend halvvejs igennem, 4 til 5 minutter pr. side. Lad det køle helt af.

c) Pisk eddike, pepperoncini, oregano, den resterende 1 spsk olie og et par kværn sort peber sammen i en lille skål.

d) Saml sandwichene: Anbring den ene champignonhue, skåret opad, på en arbejdsflade. Fold 1 stykke provolone, så det passer oven på hætten, og gentag med 1 skive skinke og salami hver.

e) Top med 1 skive tomat og cirka 2 spsk salat. Dryp med lidt af pepperoncini-vinaigretten. Sandwich med en anden svampehætte og fastgør med en tandstikker trådet med en oliven. Gentag med de resterende ingredienser for at lave 3 flere sandwich.

f) Pak hver sandwich halvvejs ind i vokspapir (dette vil hjælpe med at fange alle safterne) og server.

99. Mac og osteskyder

Portionsstørrelse: 12

Ingredienser:
- 1 kop makaroni pasta
- 1 spsk smør
- Peber efter smag
- 1 ½ tsk universalmel
- ½ kop mælk
- ¾ kop cheddarost, revet
- 18 oz. Hawaiian søde ruller
- 16 oz. grill revet svinekød, kogt
- 1 spsk honning
- ½ tsk malet sennep
- 2 spsk smør, smeltet

Vejbeskrivelse
a) Forvarm din ovn til 375 grader F.
b) Kog pastaen efter anvisningen i pakken.
c) Dræn og sæt til side.
d) Kom smørret i en pande ved middel varme.
e) Rør peber og mel i.
f) Rør indtil glat.
g) Bring i kog under omrøring.
h) Kog i 3 til 5 minutter.
i) Tilsæt osten og kog under omrøring, indtil den er smeltet.
j) Tilsæt den kogte pasta til gryden.
k) Anret rullebundene i en bradepande.
l) Top med ost- og pastablandingen, revet svinekød og rulletoppe.

m) I en lille skål blandes honning, sennep og smør.

n) Børst toppe med denne blanding.

o) Bages i ovnen i 10 minutter.

100. Kalkunskydere med sød kartoffel

Giver 10 portioner

ingredienser
- 4 æbletræ-røgede baconstrimler, finthakket
- 1-pund malet kalkun
- 1/2 kop panko-krummer
- 2 store æg
- 1/2 kop revet parmesanost
- 4 spsk hakket frisk koriander
- 1 tsk tørret basilikum
- 1/2 tsk stødt spidskommen
- 1 spsk sojasovs
- 2 store søde kartofler
- Strimlet Colby-Monterey Jack ost

Vejbeskrivelse
a) I en stor stegepande koges bacon over medium varme, indtil det er sprødt; afdryppe på køkkenrulle. Kassér alt undtagen 2 spiseskefulde dryp. Stil stegepanden til side. Kombiner bacon med de næste 8 ingredienser, indtil det er godt blandet; dæk til og stil på køl i mindst 30 minutter.

b) Forvarm ovnen til 425°. Skær søde kartofler i 20 skiver ca. 1/2 tomme tykke. Læg skiver på en usmurt bageplade; bages til søde kartofler er møre, men ikke grødede, 30-35 minutter. Fjern skiver; afkøles på en rist.

c) Opvarm stegepande med reserverede dryp over medium-høj varme. Form kalkunblandingen til frikadeller på størrelse med skyderen. Tilbered skyderne i partier, 3-4 minutter på hver side, og pas på ikke at trænge sammen panden. Tilføj en knivspids strimlet cheddar efter at have vendt hver skyder første gang. Kog indtil et termometer viser 165° og saften er klar.

d) For at servere skal du placere hver skyder på en sød kartoffelskive; dup med honning dijonsennep. Dæk med en anden sød kartoffel skive. Pierce med tandstikker.

KONKLUSION

Tailgating er en glimrende mulighed for at nyde lækker mad og drikkevarer, mens man tilbringer tid med sine kære før en sportsbegivenhed. Uanset om du griller burgere og hotdogs eller serverer velsmagende dips og snacks, vil bagende opskrifter helt sikkert tilfredsstille enhver appetit. Så fyr op for grillen, tag fat i dine venner og familie, og gør dig klar til en sjov dag med sport og god mad. Med disse opskrifter, der er nemme at lave, vil du være sikker på at få en vindende spilledag.